Bluthochdruck Senken

30 bewährte natürliche Superfoods zur Kontrolle & Senkung von Bluthochdruck

Von *Louise Jiannes*

Für weitere tolle Bücher besuchen Sie uns:

HMWPublishing.com

Laden Sie ein weiteres Buch

kostenlos herunterladen

Ich möchte Ihnen für den Kauf dieses Buches danken und Ihnen noch ein weiteres Buch anbieten (genauso lang und wertvoll wie dieses Buch), "Health & Fitness Errors You Don't Know You't Making" - vollkommen gratis.

Folgen Sie dem folgenden Link, um sich anzumelden und das Buch zu erhalten:

www.hmwpublishing.com/gift

In diesem Buch werde ich die häufigsten Gesundheits- und Fitnessfehler aufschlüsseln, die Sie wahrscheinlich gerade jetzt noch begehen, und ich werde Ihnen zeigen, wie Sie ganz einfach in Bestform kommen!

Zusätzlich zu diesem wertvollen Geschenk haben Sie auch die Möglichkeit, kostenlos unsere neuen Bücher, Werbegeschenke und andere wertvolle E-Mails von mir zu erhalten. Folgen Sie auch dafür Link, um sich anzumelden:

 www.hmwpublishing.com/gift

INHALTSVERZEICHNIS

Kapitel 1 - Überblick über Bluthochdruck 12

Wie kommt es zu Bluthochdruck? 13

Kapitel 2: Die Gefahren durch hohen Blutdruck ...16

Schäden an den Arterien 17

- Beschädigte und verengte Arterien 17
- Aneurysma 18

Herzschäden 18

- Koronare Herzkrankheit 18
- Vergrößertes linkes Herz 19
- Herzinsuffizienz 19

Schädigung des Gehirns 20

- Transiente ischämische Attacke (TIA) 20
- Schlaganfall 21
- Demenz 21
- Leichte kognitive Beeinträchtigungen (MCI = Mild Cognitive Impairment) 22

Nierenschäden 23

- Nierenversagen 23
- Nierennarben 24
- Nierenarterien Aneurysma 24

Kapitel 3: Ursachen und Symptome 26

Essentielle Hypertonie 27

Sekundäre Hypertonie 28

Kapitel 4: Präventivmaßnahmen für hohen Blutdruck 30

Präventive Faktoren, die Sie kontrollieren können 30

- Halten Sie ein normales und gesundes Gewicht 31
- ausgewogene Ernährung 32
- Reduzierung des Natriumkonsums 32
- Begrenzung des Alkoholkonsums 33
- Bewegen Sie sich regelmäßig 33
- Überwachen Sie Ihren Blutdruck 33
- Ändern Sie Ihre schlechten Gewohnheiten 34

Kapitel 5: Bewährte Methoden zur Kontrolle von Bluthochdruck ohne Medikamente 35

Was, wenn Sie diese Krankheit bereits in sich tragen? 35

Wie kann man von natürlichen Behandlungen profitieren? 38

- Gewichtsabnahme 39
- Verbesserte Ausdauer und Energie 39
- Wiedergewinnung der Jugendlichkeit 39
- Hypertonie kontrollieren 40
- Keine Nebenwirkungen!!! 40

Natürliche Wege zur Kontrolle des Bluthochdrucks ohne Medikamente 41

- Schritt #1 - Laufen, laufen, laufen! 41

- Schritt #2 - Einatmen, Ausatmen!....................42
- Schritt #3 - mehr Kalium, weniger Natrium 42
- Schritt #4 - Fügen Sie Kakao zu Ihrer Ernährung hinzu 44
- Schritt #5 - Alkoholische Getränke helfen auch! 45
- Schritt #6 - Koffein vermeiden........................45
- Schritt #7 - Vermeiden Sie Überarbeitung!..................46

Weitere alternative Behandlungen, die Sie in Ihre Ernährung aufnehmen können! 47

- Selen 47
- Beta-Glucan.................48
- L'Argine..................48
- Fischöl oder Leinsamen 49

Kapitel 6: Kräuterheilmittel: Wie können sie helfen, Ihren Blutdruck zu normalisieren? 50

- Arjuna (Terminalia Arjuna).....................50
- Löwenzahn (Taraxacum Officinale) 51
- Cayenne (Capsicum Annum)...................52
- Ingwer (Zingiber officinale)..................52
- Guggul (Commiphora Wightii)..................54
- Knoblauch (Allium Sativum)..................54
- Reishi (Ganoderma lucid) 55
- Weißdorn (Crataegus-App)..................55
- Weißdorn (Crataegus Laevigata)..................56
- Sellerie (Apium Graveolens)..................56

- Kakao (Theobroma Kakao) 57
- Baldrian (Valeriana Officinalis) 57
- Brokkoli (Brassica Oleracea var. Italica) und Dunkles Blattgemüse 58
- Kurkuma (Lucuma Longa) 58
- Gingko Biloba 58
- Olivenblattextrakt 59
- Gelbsucht Beere 59
- Cayenne 59
- Rotklee 60
- Alfalfa 61
- Petersilie 61
- Stachelbeere 61
- Zwiebel und Honig 61
- Bockshornkleesamen (Trigonella Foenum-Graecum) ... 62
  - Senkt den Cholesterinspiegel im Blut 62
  - Reduziert das Risiko einer Herzkrankheit 63
  - Hält Sie in Form 63

Kapitel 7: Stressmanagement: Stärkung von Geist und Körper 65

Der Zusammenhang zwischen Stress und langfristigem Bluthochdruck 65

Aktivitäten, die den Blutdruck senken können 67

Gestalten Sie Sie Ihren Zeitplan einfach 68

Atmen Sie bewusst 69

Bewegen Sie sich regelmäßig 70

Meditieren 71

Gute Schlafgewohnheiten entwickeln....................72

Seien Sie optimistisch 74

Kapitel 8: Wie Meditation helfen kann, den Bluthochdruck zu senken. 77

Kümmern Sie sich um Ihre Gesundheit, retten Sie Ihr Leben! 80

Eine Möglichkeit, Ihre Meditationsübung durchzuführen .82

Einführung

Die steigende Zahl der Patienten mit Bluthochdruck hatte das Bewusstsein der Öffentlichkeit geweckt, aber das Bewusstsein für die Krankheit reicht nicht aus, um Ihren tödlichen Fängen zu entkommen.

Seit Jahrzehnten wurde diese Krankheit ignoriert und übersehen, wegen ihrer stillen Symptome, die ihr den Titel "Stiller Mörder" einbrachten. Da aber die Regierung versucht sie zu minimieren, wenn nicht sogar zu eliminieren, wurde die Aufmerksamkeit der Öffentlichkeit für diese Krankheit geschärft.

Gehören Sie auch zu den Menschen, die sich nicht wohl fühlen mit dem Gedanken, eine Krankheit zu haben, ohne es zu wissen? Dieses Buch, *"Proven Natural Ways to Lower High Blood Pressure"*, vermittelt Ihnen Wissen über Bluthochdruck und wie Sie ihn auf natürliche Weise ohne den Einsatz von Medikamenten lindern können.

Darüber hinaus behandeln wir nicht nur die Behandlung von Bluthochdruck, sondern auch Präventivmaßnahmen. Lernen

Sie alle wesentlichen Fakten über diesen stillen Mörder - für ein gesünderes Leben!

Außerdem empfehle ich Ihnen sich vorab **für unseren E-Mail-Newsletter anzumelden,** um über bevorstehende Bücher oder Werbeaktionen informiert zu werden. Sie können sich kostenlos anmelden, und als Bonus erhalten Sie ein Geschenk. Unser Buch *"Health & Fitness Mistakes You Don't Know You're Making"*! Dieses Buch klärt die Mythen auf, enthüllt die Top Do's und Don'ts und gibt Ihnen die nötigen Informationen, die Sie brauchen, um in Topform zu kommen. Wegen der überwältigenden Menge an Fehlinformationen und Lügen, die von Zeitschriften und selbsternannten "Gurus" erzählt werden, wird es immer schwieriger, zuverlässige Informationen zu erhalten, um in Form zu kommen. Statt Dutzende von voreingenommenen, unzuverlässigen Quellen überfliegen zu müssen, um Ihre Gesundheits- und Fitnessinformationen zu erhalten, brauchen Sie einfach nur dieses Buch. Hier ist alles zusammengefasst in einem einfachen Aufbau, damit Sie in kürzester Zeit, direkte Ergebnisse sehen auf dem Weg zu Ihren Fitnesszielen.

Um unseren kostenlosen E-Mail-Newsletter und eine kostenlose Kopie dieses wertvollen Buches zu erhalten, folgen Sie dem Link und melden Sie sich jetzt an:

www.hmwpublishing.com/gift

Kapitel 1 - Überblick über Bluthochdruck

Bluthochdruck ist eine der häufigsten Todesursachen in den Vereinigten Staaten. Laut dem kürzlich vom Center for Disease and Control Prevention veröffentlichten Bericht haben etwa 75 Millionen amerikanische Erwachsene einen hohen Blutdruck. Einfach gesagt, ist das jeder dritte erwachsene Amerikaner oder etwa 29% der amerikanischen Bevölkerung. Ungefähr 46 Milliarden Dollar werden von der Nation jedes Jahr ausgegeben, um Gesundheitsdienstleistungen und Medikamente zu bezahlen. Dazu gehören auch die Arbeitsunfähigkeiten aufgrund von Bluthochdruck.

Die Symptome von Bluthochdruck sind manchmal so mild, dass sie schwer zu erkennen sind. Die Konsequenzen können jedoch tödlich sein und müssen daher mit größter Sorge betrachtet werden. Unbehandelter, hoher Blutdruck, auch bekannt als "Hypertonie", kann Schäden an den Arterien verursachen und Narben hinterlassen, die auch bei

Menschen auftreten können, die normalerweise ruhig und entspannt sind. Da er keine Anfangssymptome zeigt, ist der "Stille Mörder" eine Langzeitkrankheit, die letztendlich zu Komplikationen und zum Tod führen kann.

WIE KOMMT ES ZU BLUTHOCHDRUCK?

Bluthochdruck entsteht durch das gebildete Blut an den Wänden der Arterien, das durch den menschlichen Körper zirkuliert. Der Blutdruck wird bestimmt durch die Blutmenge, die vom Herzen gegen den Widerstand gepumpt wird, während es durch die Arterien fließt.

Wenn es Blockaden wie Cholesterinbildung, Narbenbildung oder Plaque in den Arterien gibt, wirkt sich dies auf die Elastizität der Arterienwände aus und verengt den Weg der Blutbahn, wodurch mehr Druck entsteht, da das Herz schwerer pumpt, um das Blut durchzulassen, so dass es die verschiedenen Teile des Körpers erreichen kann. Ein solcher Druckanstieg kann die Muskeln und Klappen des Herzens schädigen und zu einer Herzinsuffizienz führen. Schäden an den Gefäßen, die Blut und Sauerstoff an Nieren und Gehirn liefern, führen schließlich zu negativen Auswirkungen auf diese Körperorgane.

Zu hoher Druck in den Blutgefäßen und arteriellen Wänden kann zu ernsthaften Problemen führen. Gesunde Arterien sind in der Regel semiflexible Gewebe und Muskeln, die fein, glatt, elastisch und dehnbar sind, so dass das Blut reibungslos durch sie hindurch fließt, wenn das Herz leicht pumpt. Wenn es jedoch Blockaden gibt, ist das Herz gezwungen, stärker zu pumpen, wodurch die Wände der Arterien gedehnt werden, und dies dazu führen kann, dass die Strukturen der Arterienwände beschädigt werden. Sobald die Blutgefäße geschädigt sind, kann es zu Schlaganfall, Nierenversagen, peripheren Gefäßversagen oder Herzinfarkt kommen, was in den meisten Folgen zum Tode führt.

Es ist daher extrem wichtig, den Blutdruck auf einem stetigen Leven zu halten, um das Risiko einer Überdehnung der Blutgefäße über ihre Grenzen hinaus zu reduzieren. Unkontrollierter Blutdruck erhöht das Risiko auf schwerwiegendere gesundheitliche oder medizinische Probleme.

Kapitel 2: Die Gefahren durch hohen Blutdruck

In modernen Gesellschaften nimmt der Bluthochdruck aufgrund eines ungesunden Lebensstils stetig zu. Dies kann sehr beunruhigend sein, wenn Sie sich seiner Auswirkungen auf Ihren Gesundheitszustand nicht vollständig bewusst sind. Wenn Sie sich dessen jedoch bewusst sind, können Sie nach nützlichen Optionen suchen, um seine Auswirkungen umzukehren.

Bluthochdruck kann stillschweigend einige schwere Schäden am Körpersystem verursachen, lange vor Beginn der Symptome. Es für selbstverständlich zu nehmen, kann zu einer Behinderungen, einem Leben voller Leid und sogar zu einem schweren Herzinfarkt führen. Menschen Bluthochdruck nicht behandeln, sterben an ischämischen Herzerkrankungen oder verminderter Durchblutung. Andere sterben an einem Schlaganfall. Eine Behandlung und Veränderungen am des Lebensstil können helfen, Ihren Bluthochdruck zu kontrollieren, um diese lebensbedrohlichen Risiken zu reduzieren. Lassen Sie uns einen Blick auf die Schäden werfen, die Bluthochdruck im Körper verursachen kann.

SCHÄDEN AN DEN ARTERIEN

Wenn Ihre Arterien gesund sind, sind sie flexibel, elastisch und stark und sind von innen ausgestattet mit einer glatten Wand, damit das Blut frei fließen kann, während es den Körper durchströmt. Dies ist ein lebenswichtiger Prozess, da er wichtige Gewebe und Organe mit Nährstoffen und Sauerstoff versorgt. Wenn die Blutbahn verstopft ist, verursacht sie einen Druckanstieg in der Arterienwand, da das Herz kräftiger pumpt, um das Blut fließen zu lassen. Dies könnte Folgendes zur Folge haben:

- *BESCHÄDIGTE UND VERENGTE ARTERIEN*

    Wenn Sie einen ungesunden Lebensstil haben, kann Ihr Körper Fette aus Ihrer Ernährung sammeln und sie in Ihren Arterien speichern, wodurch der Blutkreislauf verstopft wird und Ihre Arterienwände weniger elastisch werden. Dies schränkt den Blutfluss in Ihrem Körper ein.

- *ANEURYSMA*

    Nach einer gewissen Zeit kann der konstante Blutdruck gegen die geschwächte Arterienstruktur dazu führen, dass sich in einem Teil der Wand eine Ausbuchtung bildet. Ein Aneurysma kann jederzeit brechen und innere Blutungen in Ihren Arterien verursachen, aber meistens findet dies in Ihrer Aorta, der größten Arterie in ihrem Körper statt.

HERZSCHÄDEN

Da Ihr Herz Blut in Ihren Körper pumpt, kann unkontrollierter Bluthochdruck Ihrem Herzen in vielerlei Hinsicht Schaden zufügen.

- *KORONARE HERZKRANKHEIT*

Diese Erkrankung betrifft die Arterien, die den Körper mit Blut versorgen. Die Krankheit verengt die Arterien, wodurch das Blut nur noch begrenzt durch die Arterien fließen kann.. Wenn Sie diese Krankheit haben, können Sie unregelmäßige Herzrhythmen, bekannt als (Arrhythmien), Brustschmerzen oder einen irregulären Herzinfarkt erleiden.

- *VERGRÖßERTES LINKES HERZ*

Wenn Ihr Herz gezwungen ist, sich extrem anzustrengen, um Blut in Ihren Körper zu pumpen, führt dies dazu, dass sich die linke Herzkammer versteift oder verdickt (linksventrikuläre Hypertrophie). Diese Veränderungen schränken außerdem die Fähigkeit der Herzkammer ein, Blut zu pumpen, wodurch das Risiko einer Herzinsuffizienz, eines Herzinfarkts oder eines plötzlichen Herztodes steigt.

- *HERZINSUFFIZIENZ*

Schließlich schwächt die Belastung des Herzens durch den hohen Blutdruck die Herzmuskulatur und lässt sie weniger effizient arbeiten. Über einen längeren Zeitraum erschöpft dies das Herz. Ihr Herz wird sich mit der Zeit abnutzen und versagen, und wenn es durch einen Herzinfarkt geschädigt ist, macht dies das Problem noch schlimmer.

SCHÄDIGUNG DES GEHIRNS

Ebenso wie Ihr Herz, hängt auch das Gehirn von der Blutversorgung ab, da es so genährt wird, damit es richtig funktionieren kann, um zu überleben. Wenn der Blutdruck jedoch erhöht ist, kann dies Probleme verursachen, einschließlich der Folgenden:

- *TRANSIENTE ISCHÄMISCHE ATTACKE (TIA)*

    Dieser Zustand, der als "Mini-Schlaganfall" betrachtet wird, ist eine vorübergehende Störung der Blutversorgung des Gehirns. Der vorübergehende ischämische Zustand wird oft durch Atherosklerose oder ein Blutgerinnsel verursacht. Beide können bei Bluthochdruck auftreten, und eine TIA ist eine Warnung dafür, dass Sie Gefahr laufen, einen richtigen Schlaganfall zu haben.

- *SCHLAGANFALL*

Wenn ein Teil Ihres Gehirns nicht mit Sauerstoff und Nährstoffen aus Ihren Blutgefäßen versorgt wird, führt dies zum Tod Ihrer Gehirnzellen. Wenn Sie also Bluthochdruck haben, der unkontrolliert oder vernachlässigt wird, kann dies zu Verengungen, Brüchen oder Undichtigkeiten in Ihren Blutgefäßen führen, die zum Gehirn führen. Bluthochdruck kann ebenfalls zu einer Blutgerinnung in den Arterien führen, die den Blutfluss zu Ihrem Gehirn blockiert und einen Schlaganfall verursacht.

- *DEMENZ*

Diese Krankheit ist mit Problemen der kognitiven Fähigkeiten verbunden - Denken, Sprechen,

Argumentieren, Gedächtnis, Sicht und Bewegungen. Es gibt verschiedene Ursachen für Demenz, einschließlich vaskulärer Demenz, die durch Verengung und Verstopfung der Arterien verursacht wird, die das Gehirn mit Blut versorgen. Es kann außerdem zu einem Schlaganfall führen, der eine Unterbrechung des Blutflusses verursacht, der zum Gehirn führt. In jedem dieser Fälle ist der Bluthochdruck der ausschlaggebende Faktor.

- *LEICHTE KOGNITIVE BEEINTRÄCHTIGUNGEN (MCI = MILD COGNITIVE IMPAIRMENT)*

Es gibt eine Übergangsphase, die zwischen der Aufnahme und der Speicherung von Informationen auftritt, welche Probleme im Alter bereiten kann, wie zum Beispiel bei der Alzheimer-Krankheit. Wie bei der Demenz ist dies auf eine blockierte Durchblutung zurückzuführen, wenn Bluthochdruck die Arterien schädigt.

NIERENSCHÄDEN

Typischerweise ist es die Aufgabe Ihrer Nieren, überschüssigen Abfall und Flüssigkeiten aus Ihrem Blut zu filtern, allerdings hängt dieser Prozess von Ihren gesunden Blutgefäßen ab. Wenn hoher Blutdruck die Blutgefäße verletzt, die zu Ihren Nieren führen, kann dies zahlreiche Arten von Nierenerkrankungen (Nephropathie) verursachen. Wenn Sie an Diabetes leiden, kann dies den Schaden sogar noch verschlimmern.

- *NIERENVERSAGEN*

    Nierenversagen wird durch hohen Blutdruck verursacht, da es sowohl die großen Arterien, die zu Ihren Nieren führen, als auch die kleinen Blutgefäße (Glomeruli) in den Nieren schädigt. Eine Schädigung einer dieser beiden Teile beeinträchtigt die normale Funktion Ihrer Nieren und behindert sie daran, Abfälle effizient aus dem Blut zu filtern. Es kann dazu führen, dass sich in Ihrem Körper eine gefährliche Menge an Giftstoffe und

Flüssigkeiten ansammeln, die letztendlich eine Dialyse oder eine Nierentransplantation erfordern können.

- *NIERENNARBEN*

    Glomerulosklerose ist eine Art des Nierenschadens durch Vernarbung der Glomeruli (Kleber-MER-u-li). Die Glomeruli sind winzige Gruppen von Blutgefäßen in Ihren Nieren, die Flüssigkeit und Abfall aus Ihrem Blut filtern. Glomerulosklerose kann dazu führen, dass Ihre Nieren nicht in der Lage sind, Abfälle effizient zu filtern, was zu Nierenversagen führt.

- *NIERENARTERIEN ANEURYSMA*

    Dies ist ein Aneurysma, das zur Niere führt. Eine mögliche Ursache dieser Krankheit ist die Atherosklerose, die die Arterienwand schädigt und schwächt. Auf lange Sicht kann eine geschwächte Arterie dazu führen, dass ein Abschnitt ein Aneurysma bildet, das jederzeit reißen kann und eine lebensbedrohliche innere Blutung verursacht.

KAPITEL 3: URSACHEN UND SYMPTOME

Es ist nicht einfach, die genaue Ursache für Bluthochdruck zu identifizieren, aber zahlreiche Faktoren und Bedingungen, die in gewisser Weise zu seiner Entwicklung beigetragen haben können.

Dies sind einige der Faktoren:

- Adipositas oder Übergewicht
- Mangelnde körperliche Aktivität
- Zu viel Salz- und Alkoholkonsum
- Rauchen
- Gene und Familiengeschichte einschließlich Bluthochdruck
- Unkontrollierbarer Stress
- Chronische Nierenerkrankungen
- Schilddrüsen- und Nebennierenerkrankungen

- Schlafapnoe

ESSENTIELLE HYPERTONIE

In den Vereinigten Staaten kann in mehr als 95% der gemeldeten Fälle von Bluthochdruck die zugrunde liegende Ursache nicht bestimmt werden. Diese Art von Bluthochdruck wird in der Medizin als "essentielle Hypertonie" bezeichnet.

So mysteriös sie auch sein mag, die essentielle Hypertonie wurde mit spezifischen Risikofaktoren in Verbindung gebracht. Bluthochdruck betrifft mehr Männer als Frauen und ist ebenfalls erblich.

Darüber hinaus spielen auch Alter und Rasse eine wichtige Rolle. Afroamerikaner, die in den Vereinigten Staaten leben, haben im Vergleich zu Kaukasiern eine doppelt so hohe Chance auf Bluthochdruck, aber dieser Unterschied nimmt ab 44 Jahren ab. Bei vielen afro-amerikanische Frauen wurde Bluthochdruck am meisten im Alter von 65 Jahren und darüber festgestellt.

Andere Faktoren, die die essentielle Hypertonie beeinflussen, sind Ernährung und Lebensstil. Der Zusammenhang zwischen Salz und Bluthochdruck ist seit langem bekannt. Die Japaner, die auf den nördlichen Inseln Japans leben, verbrauchen bekanntlich mehr Salz pro Kopf als die Menschen im Rest der Welt, und sie haben die höchste Inzidenz von essentieller Hypertonie. Umgekehrt haben diejenigen, die kein Salz in ihrer Nahrung verwenden, keine Spuren von essentieller Hypertonie.

Menschen mit Bluthochdruck sind überempfindlich, d.h. selbst ein geringer Überschuss der empfohlenen Tagesdosis kann ihren Blutdruck in die Höhe treiben. Andere Faktoren, die beim essentiellen Bluthochdruck eine Rolle spielen, sind eine Insuffizienz von Kalzium, Magnesium und Kalium, chronischer Alkoholkonsum, Fettleibigkeit und Diabetes.

Sekundäre Hypertonie

Dem essentiellen Bluthochdruck steht der sekundäre Bluthochdruck oder "sekundäre Hypertonie" gegenüber. Die direkte Ursache dieses Bluthochdrucks kann bestimmt werden und dabei liegt die Nierenerkrankung an der Spitze der vielen Ursachen der sekundären Hypertonie.

Diese Art von Bluthochdruck kann durch Tumore und andere Anomalien ausgelöst werden, die dazu führen, dass die Nebennieren übermäßige Mengen an Hormonen produzieren, die den Blutdruck erhöhen.

Zu den Faktoren, die den Blutdruck erhöhen können, gehören:

- Schwangerschaft

- Antibabypillen, insbesondere solche, die Östrogen enthalten

- Medikamente, die die Blutgefäße verengen

Kapitel 4: Präventivmaßnahmen für hohen Blutdruck

Maßnahmen zu ergreifen, um den Beginn von Bluthochdruck zu verhindern, kann bei der Reduzierung von Schlaganfall, Herzinfarkt und vielen anderen schweren Krankheiten helfen, die zum Tod führen können. Wenn Sie gefährdet sind, unter Bluthochdruck zu leiden, ist es am besten, wenn Sie diese vorbeugenden Maßnahmen ergreifen.

Präventive Faktoren, die Sie kontrollieren können

Einige Faktoren wie Alter und Gene, einschließlich der familiären medizinischen Vorgeschichte, sind Elemente, die außerhalb Ihrer Kontrolle liegen. Wenn Sie also den Beginn von Bluthochdruck verhindern wollen, müssen Sie sich auf die Risikofaktoren konzentrieren, die Sie ändern können. Wir sind nicht in der Lage, etwas gegen unser Alter oder das, was unsere DNA ausmacht, zu unternehmen, aber wir können unseren Lebensstil verbessern und somit gesünder machen.

Hier sind einige Möglichkeiten, die bei der Umstellung auf einen gesunden Lebensstil zu berücksichtigen sind.

- HALTEN SIE EIN NORMALES UND GESUNDES GEWICHT

    Die Aufrechterhaltung eines gesunden Gewichts ist entscheidend, wenn es um Bluthochdruck geht. Übergewicht und Fettleibigkeit können zu weiteren Komplikationen führen, die schließlich zum Tod führen können. Menschen, die übergewichtig sind, müssen abnehmen, und wenn Sie ein durchschnittliches Gewicht haben, dann sollte Sie zusätzliche Kilos vermeiden. sollten Sie unter Übergewicht leiden, dann sollten Sie fünf Kilo abnehmen, um Bluthochdruck zu vermeiden. Es gibt Online-Tools, die Ihnen helfen, Ihr Idealgewicht und Ihren Body Mass Index (BMI) zu ermitteln.

- *AUSGEWOGENE ERNÄHRUNG*

    Eine gesunde, ausgewogene Ernährung kann helfen, den Blutdruck unter Kontrolle zu halten. Essen Sie kaliumreiche Lebensmittel, während Sie gleichzeitig Kalorien, Fett, Natrium und Zucker in Grenzen halten. Eine DASH Diet ist dafür bekannt, bei der Behandlung von Bluthochdruck zu helfen.

- *REDUZIERUNG DES NATRIUMKONSUMS*

    Je höher die Natriumzufuhr ist, desto höher steigt der Blutdruck. Daher ist es besser, die Natriumzufuhr zu reduzieren, indem Sie Lebensmittel mit hohem Natriumgehalt wie verpackte Lebensmittel und verarbeitete Lebensmittel vermeiden. Es kann auch helfen, das Hinzufügen von Salz zu den Mahlzeiten zu verhindern.

- *BEGRENZUNG DES ALKOHOLKONSUMS*

Zu viel Alkoholkonsum verdickt das Blut und hat so zur Konsequenz, dass das Herz mehr Druck ausüben muss, damit das Blut geschmeidig und frei fließen kann. Vermeiden Sie es daher, pro Tag mehr als einen Drink zu sich zu nehmen.

- *BEWEGEN SIE SICH REGELMÄßIG*

Bewegung ist wesentlich für ein gesundes Leben und körperliche Aktivität ist unentbehrlich, wenn es um Bluthochdruck geht. Je mehr Sie sich bewegen, desto besser. Aber auch schon ein wenig Bewegung kann so viel bewirken, um das Risiko einer Hypertonie zu verringern. Beginnen Sie mit einem moderaten Trainingsaufwand von ca. 30 Minuten. Der Einstieg mit einem zwei- bis dreimaligen Training pro Woche ist ein ideales Ziel.

- *ÜBERWACHEN SIE IHREN BLUTDRUCK*

Nachdem Sie mit den oben genannten Methoden gearbeitet haben, stellen Sie sicher, dass Sie Ihren Blutdruck regelmäßig überwachen. Dies können Sie entweder in einer Klinik oder Zuhause tun. Da Bluthochdruck oft keine offensichtlichen Symptome mit sich bringt, kann Ihnen nur die Messung eine eindeutige Einschätzung Ihres Blutdrucks ermöglichen. Blutdruckmessungen im Bereich von 120-139/80-89 Millimetern Quecksilber (mmHg) stellen ein erhöhtes Risiko für die Entwicklung von Bluthochdruck dar.

- *Ändern Sie Ihre schlechten Gewohnheiten*

Werfen Sie schließlich einen Blick auf Ihren Lebensstil und welche Ihrer Gewohnheiten Sie ändern müssen.. Versuchen Sie, kleine Ziele wie den Verzehr von Obst und Gemüse anstelle von Junk Food zwischen den Mahlzeiten zu erreichen. Machen Sie diese Gewohnheiten zu einem Teil Ihrer täglichen Routine.

Kapitel 5: Bewährte Methoden zur Kontrolle von Bluthochdruck ohne Medikamente

Trotz dieser Präventivmaßnahmen gegen Bluthochdruck, wissen wir dennoch, dass es nicht so einfach ist, eine 360-Grad-Drehung in Ihrem Lebensstil vorzunehmen. Bei den modernen Lebensstilen von heute, in denen wir fast rund um die Uhr beschäftigt sind, füllen wir unsere Mägen häufig mit Fertiggerichten. Es ist allseits bekannt, dass diese Lebensmittel nicht gesund sind und wenn Sie entschlossen sind, Ihre Lebensweise zu ändern, müssen Sie darauf verzichten.

Was, wenn Sie diese Krankheit bereits in sich tragen?

Wie ich bereits erwähnt, sollte Bluthochdruck nicht ignoriert werden. Die mit Bluthochdruck verbundenen Todesfälle belaufen sich auf fast 100.000 pro Jahr und nehmen immer noch rasch zu. Einige Leute ignorieren einfach ihr Problem, während andere zu Medikamenten mit schädlicher Wirkung greifen. Aber heutzutage greifen immer mehr Menschen wieder auf die Verwendung einfacher Naturheilmittel gegen Bluthochdruck zurück. Es gibt viele natürliche Mittel, die sich im Laufe der Jahre zur Bekämpfung von Bluthochdruck bewährt haben.

Bevor Sie Medikamente für Ihr Bluthochdruckproblem in Betracht ziehen, beachten Sie die folgenden Fakten:

- ✓ Pharmaunternehmen gelten als eines der lukrativsten Unternehmen des 21. Jahrhunderts.

- ✓ Die Zahl der Krankenhäuser ist in den letzten Jahrzehnten exponentiell gestiegen. Bevor man jedoch annahm, dass es auf Babyboomer oder Menschen in ihrem Rentenalter zurückzuführen ist, zeigen aktuelle Studien, dass Menschen heute in jedem Aspekt ihrer körperlichen Gesundheit eher auf Ärzte angewiesen sind.

✓ Die Versicherungsprämien und der Versicherungsschutz sind zu hoch geworden, zum Teil aufgrund überhöhter Arzt- und Rezeptekosten.

Natürlich sind nicht alle Medikamente gefährlich. Viele erfüllen einen Zweck und sind von Vorteil für unsere Gesellschaft. Allerdings sind einige Medikamente in gewisser Weise schädlich, da sie stark sind und in vielerlei Hinsicht tödliche Nebenwirkungen haben.

Dennoch entscheiden sich Millionen von Menschen gegen Medikamente mit gefährlichen Nebenwirkungen und greifen stattdessen auf die ganzheitliche und natürliche Behandlung von Bluthochdruck zurück. Mit ganzheitlicher Behandlung bezeichnen wir die Art der Heilung, die die Ganzheit eines Menschen betrachtet. Das heißt, anstatt sich auf die Behandlung einer Krankheit zu konzentrieren, betrachtet der ganzheitliche Ansatz das allgemeine körperliche, emotionale, mentale und spirituelle Wohlbefinden eines Menschen, bevor er eine Behandlung empfiehlt.

Dieser ganzheitliche Ansatz zur natürlichen Behandlung kann eine Diät, regelmäßige Bewegung, Meditation und vieles mehr beinhalten. Der Angriff auf hohen Blutdruck aus vielen verschiedenen Blickwinkeln kann die Patienten ohne den Einsatz von Medikamenten vollständig heilen!

Wie kann man von natürlichen Behandlungen profitieren?

Neben der Vermeidung der lebensbedrohlichen Nebenwirkungen von Medikamenten gibt es verschiedene Gründe, warum Sie die natürliche Behandlung von Bluthochdruck in Betracht ziehen sollten.

Dies sind einige Dinge, die Sie in Betracht ziehen sollten:

- *GEWICHTSABNAHME*

    Menschen, die sich einer natürlichen Behandlung unterziehen, lernen nicht nur, wie sie von ihrem hohen Blutdruck geheilt werden, sondern auch, wie sie zusätzliche Pfunde abbauen. Wenn Sie wissen, welche Ernährung, die richtige ist, werden Sie Ihren Heißhunger verringern und können so 0,5-1 Kilo in einer Woche verlieren.

- *VERBESSERTE AUSDAUER UND ENERGIE*

    Durch die richtige Ernährung werden Sie eine verbesserte Ausdauer und Energie erreichen und haben so mehr Freiheiten. Mit einem gesundem Körper kann das Leben besser sein, im Vergleich zu denen, die keinen gesunden und fitten Körper haben.

- *WIEDERGEWINNUNG DER JUGENDLICHKEIT*

    Wenn Sie hohen Blutdruck haben, fehlen Ihnen wichtige Vitamine und Mineralien, die vom Körper benötigt werden. Vitamine und Mineralien wie Kalzium, Magnesium und Zink spielen eine wichtige Rolle bei der Normalisierung des Blutdrucks. Wenn Sie davon ausreichend zu sich nehmen, dann werden Sie sich viel jünger und lebendiger fühlen.

- *HYPERTONIE KONTROLLIEREN*

Es gibt über tausend bekannte Vorteile von Sport und Kontrolle Ihres Blutdrucks ist einer davon. Finden Sie ein einfaches Trainingsprogramm, dass Sie jeden Tag für 20-30 Minuten machen können, und Sie werden sehen, wie sich ihr Blutdruck normalisiert.

- *KEINE NEBENWIRKUNGEN!!!*

Im Gegensatz zu Medikamenten, ist die einzige Nebenwirkung von natürlichen Heilmitteln, ein schlechtes Gewissen, weil sie es noch nicht eher ausprobiert haben.

NATÜRLICHE WEGE ZUR KONTROLLE DES BLUTHOCHDRUCKS OHNE MEDIKAMENTE

Eine Änderung des Lebensstils soll bei etwa 86 Prozent der Menschen, die an dieser Krankheit leiden, einen normalisierten Blutdruck zeigen. Wenn Sie also Ihre Hypertonie reduzieren wollen, müssen Sie Ihr Gewicht normalisieren. Sobald Sie anfangen, gesündere Essgewohnheiten zu haben, dann können Sie auch die folgenden Strategien benutzen, um Ihren Bluthochdruck zu besiegen.

- *SCHRITT #1 - LAUFEN, LAUFEN, LAUFEN!*

    Laufen Sie so oft wie möglich. Fangen Sie langsam an und lassen Sie die Strecken immer länger werden. Probieren Sie Power Walking aus - zügiges Gehen für ca. 30 Minuten am Tag. Diese Aktivität kann die Sauerstoffversorgung des Körpers erhöhen, um die Herzfunktion reibungslos und effizient zu erhalten.

Während Sie sich an das Power-Walking gewöhnen, versuchen Sie, Ihre Geschwindigkeit und Distanz zu erhöhen, während Sie Kraft und Ausdauer steigern.

- *SCHRITT #2 - EINATMEN, AUSATMEN!*

  Nehmen Sie sich Zeit, um tief durchzuatmen. Setzen Sie sich mit geradem Rücken auf einen Stuhl. Atmen Sie fünf oder zehn Minuten lang so tief wie möglich. Stresshormone erhöhen ein Nierenenzym namens Renin, das den Blutdruck erhöht. Durch langsames tiefes Atmen und Ausdehnen des Bauches atmen Sie die ganze Spannung aus Ihrem Körper aus. Qigong, Tai Chi, Meditation oder Yoga kombiniert mit diesen tiefen Atemzügen, ist ein weiterer ausgezeichneter Stress-Bekämpfer.

- *SCHRITT #3 - MEHR KALIUM, WENIGER NATRIUM*

  Achten Sie auf die Menge an tierischem Eiweiß in Ihrer Ernährung, denn übermäßiger Konsum verursacht einen

Anstieg des Säuregehalts Ihres Körpers und senkt Ihren Kaliumspiegel. Daher ist es besser, Ihren Mahlzeiten natürlich kaliumreiche Lebensmittel wie frisches Obst und Gemüse, Vollkorn, Milch- und Geflügelprodukte, Fleisch und Fisch hinzuzufügen.

Zu den kaliumreichen Lebensmitteln gehören Brokkoli, Heilbutt, Thunfisch, Spinat, Petersilie, Orangen, Bananen, Avocados, Erdbeeren, Kriminipilze, Rosinen, Kantaloupe, Honigmelone, Kartoffeln, Erbsen, Kürbis, Mangold, Süßkartoffeln, Paprika, Gurken, Tomaten und Kohl.

Kaufen Sie so wenig verarbeitete Lebensmittel wie möglich und begrenzen Sie Ihre Natriumzufuhr, indem Sie Lebensmittel kaufen, die einen höheren Natriumgehalt enthalten. Dies können Sie vermeiden, indem Sie die Lebensmitteletiketten lesen, da Sie sich der Menge an Salz in den Lebensmitteln, bewusst werden.

Menschen mit Bluthochdruck sind manchmal salzempfindlich. Da es keinen verfügbaren Test gibt, um zu zeigen, ob Sie empfindlich auf Salz reagieren oder nicht, ist es daher wichtig, sich darüber im Klaren zu sein, wie viel Salz Sie einnehmen, um dies so viel wie möglich zu reduzieren.

- *SCHRITT #4 - FÜGEN SIE KAKAO ZU IHRER ERNÄHRUNG HINZU*

Fünfzehn Gramm Zartbitterschokolade enthält mindestens 70 Prozent Kakao. Zartbitterschokolade enthält eine Substanz namens "Flavanole", die die Blutgefäße elastischer macht. Die Elastizität der Blutgefäße hilft, den Bluthochdruck zu senken.

Kakaoflavanole sind bioaktiv und werden aus Kakaobohnen gewonnen. Studien mit Kakaobohnen haben gezeigt, dass Flavanole die Herz-Kreislauf-Funktionen verbessern und gleichzeitig die Belastung des

Herzens senken können, die mit dem Altern und der Versteifung des Herzens einhergeht. Die Studie hat außerdem gezeigt, dass die Aufnahme von Kakaoflavanole das Risiko für die Entwicklung von Herz-Kreislauf-Erkrankungen reduziert.

- *SCHRITT #5 - ALKOHOLISCHE GETRÄNKE HELFEN AUCH!*

Etwa ¼ -1/2 alkoholisches Getränk hilft, Ihren Blutdruck zu senken. Studien ergaben, dass eine kleine Menge Alkohol pro Tag das Risiko von Herzerkrankungen verringert und das Herz schützt. Mehr als das ist jedoch mit Sicherheit nachteilig.

- *SCHRITT #6 - KOFFEIN VERMEIDEN*

Studien über Koffein zeigen, dass es durch die Straffung der Blutgefäße hohen Blutdruck verursacht. Dies hebt die Auswirkungen von Stress hervor und erhöht auch den Bluthochdruck. Daher können Sie Blutdruckspitzen vermeiden, wenn Sie unter Stress stehen, indem Sie koffeinfreien Kaffee und andere Getränke verwenden.

Das Trinken von Hibiskuskaffee ist mit einem deutlichen Rückgang der Hypertonie verbunden. Eine Studie hat bewiesen, dass das Trinken von 3 Tassen Hibiskuskaffee pro Tag über sechs Wochen eine wesentliche Veränderung des Blutdrucks der Teilnehmer mit sich bringt. Das Journal of Nutrition hatte veröffentlicht, dass Hibiskustee den Blutdruck auf natürliche Weise senken kann und bei Erwachsenen wirksam ist, die entweder als leicht hypertensiv oder prähypertensiv eingestuft werden.

- *SCHRITT #7 - VERMEIDEN SIE ÜBERARBEITUNG!*

Mehr als 41 Arbeitsstunden pro Woche kann in die Liste der Risikofaktoren für Bluthochdruck aufgenommen werden, da Leute, die zu viel arbeiten, dazu neige, weniger gesund zu essen und keine Zeit für Sport haben.

Eine Überlastung der Verantwortlichkeiten und Aufgaben erhöht den Stress in Ihrem Alltag, was Ihnen später noch mehr Gesundheitsprobleme bringen könnte. Versuchen Sie daher, sich so oft wie möglich auszuruhen.

WEITERE ALTERNATIVE BEHANDLUNGEN, DIE SIE IN IHRE ERNÄHRUNG AUFNEHMEN KÖNNEN!

Es gibt viele andere Möglichkeiten, Ihren Bluthochdruck zu normalisieren, indem Sie bestimmte Nahrungsmittel zu Ihrer Ernährung hinzufügen. Dies sind einige Beispiele:

- *SELEN*

    Selen, Kupfer und Zink sind nur einige der Verbindungselemente, die hilfreich sein können. Viele Studien zeigen, dass Menschen mit Herzerkrankungen oft einen Mangel an diesen Produkten haben. Sie können einige dieser Eigenschaften ergänzen, indem Sie Multivitamine in Ihrer Ernährung einnehmen. Selenquellen sind Fleisch, Walnüsse, Paranüsse, dunkles Grün und Weizen. Zink kommt normalerweise in

Bohnen, Fleisch und Milchprodukten vor, während Kupfer in Meeresfrüchten, Hülsenfrüchten, Nüssen und dunklem, Blattgemüse enthalten ist.

- *BETA-GLUCAN*

  Diese Substanz senkt den Cholesterinspiegel und senkt gleichzeitig den durch hohen Cholesterinspiegel bedingten Blutdruck. Beta-Glucan gewinnt man aus Haferkleie und Maitake-Pilzen. Dieses Element trägt zusätzlich dazu bei, Abfallstoffe aus dem menschlichen Körper zu entfernen. Ein 200-Milligramm Haferkleie (etwa ein Teelöffel) pro Tag kann den Bluthochdruck senken.

- *L'ARGINE*

  Durch die Einnahme von 2 Gramm L'argin pro Tag kann der systolische Druck um 20 Punkte reduziert werden, nachdem Sie das Nahrungsergänzungsmittel zwei Tage lang eingenommen haben. Es ist vor allem auf die

Aminosäure zurückzuführen, die dem Körper hilft, Salpetersäure zu produzieren, die Blutdruck und Cholesterin reguliert.

- *FISCHÖL ODER LEINSAMEN*

    Das als Omega-3-Fettsäure bekannte Fischöl ist für diejenigen von Vorteil, die an Bluthochdruck leiden. Fischöl schützt das Herz und senkt den Blutdruck. Für Vegetarier können Sie Leinsamen probieren. Die tägliche Einnahme von nur einem Esslöffel Leinsamen kann Ihnen helfen, Ihren Bluthochdruck um neun Punkte zu senken.

Kapitel 6: Kräuterheilmittel: Wie können sie helfen, Ihren Blutdruck zu normalisieren?

Eine der akzeptierten natürlichen Behandlungen bei Bluthochdruck ist die Verwendung von Kräutern als Heilmittel. Der Hauptgrund für die vermehrte Entscheidung gegen Medikamente ist die Tatsache, dass die Leute keine Lust mehr haben auf die Nebenwirkungen, die mit den Medikamenten einhergehen, von den teuren Rezepten ganz zu schweigen.

Pflanzliche Mittel gegen Bluthochdruck

- *Arjuna (Terminalia Arjuna)*

  Die Arjuna-Pflanze ist mit der Behandlung von Bluthochdruck verbunden. Die Rinde ist bekannt für ihr bemerkenswerten Kräfte gegen die Krankheit, indem sie das Herz schützt und die Blutungen stoppt sowie die Muskeln im Organ stärkt und gleichzeitig die Durchblutung verbessert.

Triterpen-Glykoside und *Coenzymes* Q10-Verbindungen, die dem Herzen und den arteriellen Blutgefäßen helfen, richtig zu funktionieren, sollen in der Arjuna-Pflanze reichlich vorhanden sein. Die regelmäßige Anwendung dieses pflanzlichen Medikaments hilft, das Risiko einer Hypertonie zu beseitigen und weitere Schäden am Herzen und den übrigen lebenswichtigen Organen, die von Bluthochdruck betroffen sind, zu verhindern.

- *LÖWENZAHN (TARAXACUM OFFICINALE)*

Wenn Sie ein Problem mit Flüssigkeitsretention haben, kann Löwenzahn nützlich sein, da er den Urinfluss erhöht und den Blutdruck senkt. Man kann von Löwenzahn profitieren, da er den Kaliumverlust verhindert, den pharmazeutische Diuretika oft mit sich bringen. Achten Sie jedoch darauf, dass die Löwenzahnblätter, die Sie verwenden, nicht mit Pestiziden behandelt wurden.

- CAYENNE (CAPSICUM ANNUM)

Cayenne hilft bei der Verdünnung des Blutes und senkt so den Blutdruck. Verwenden Sie einfach die heißen mexikanischen oder thailändischen Samen, wie sie in Serrano oder African Bird Peppers verwendet werden, die zu den schärfsten Cayenne-Produkten gehören.

Um Cayenne als Heilmittel zu verwenden, nehmen Sie einfach eine Tasse lauwarmes Wasser mit einem Teelöffel Cayennepfeffer zu sich. Trinken Sie die Lösung regelmäßig.

- INGWER (ZINGIBER OFFICINALE)

Ein weiteres Kraut, das häufig als Kochgewürz verwendet wird, ist Ingwer. Obwohl wir diese Zutat für die Heimküche oft konsumieren, sind sich die meisten jedoch nicht ihrer gesundheitlichen Vorteile bewusst, einschließlich der Regulierung von Bluthochdruck. Ingwer ist sehr nützlich bei der Verbesserung der Durchblutung, der Behandlung von Übelkeit, der Entspannung der Muskeln der Arterien, zur Unterstützung der Verdauung und der Linderung von Morgenübelkeit.

Knoblauch gibt es in verschiedenen Formen, einschließlich trockener Wurzeln, Kapseln, frischer Wurzeln, Öle, Flüssigextrakte, Pulver, Ergänzungsmittel, etc. Sie können Knoblauch roh essen oder ihn zu Ihren köstlichen Gerichten hinzufügen.

Während Ingwer als sicher und wirksam für Bluthochdruck erklärt wird, können einige Menschen einige mögliche Nebenwirkungen erleben, mit denen Sie vorsichtig sein müssen - allergische Reaktionen, Magenverstimmungen, Sodbrennen oder Mundschäden.

- *GUGGUL (COMMIPHORA WIGHTII)*

Dieses Kraut wächst vor allem in Indien, ist aber auch in anderen Ländern Zentralasiens und Nordafrikas zu finden. Studien deuten darauf hin, dass dieses erstaunliche Kraut das schlechte Cholesterin LDL senken und ebenfalls Gesundheitsprobleme im Zusammenhang mit Psoriasis, arteriosklerotischen Gefäßerkrankungen und Herzischämie behandeln kann.

- *KNOBLAUCH (ALLIUM SATIVUM)*

Schon lange wir, dass Knoblauch als aromatische Zutat zum Würzen von Lebensmitteln benutzt werden. Es ist allerdings weniger bekannt, dass Knoblauch unseren Blutdruck um zehn Prozent senkt. Auch in Form von Gelkapseln hat Knoblauch diese Wirkung.

Knoblauch besitzt außerdem die Fähigkeit, die Blutgerinnung zu reduzieren und klärt Ihre Arterien von schlechten Cholesterinen und Plaques. Für eine bessere Leistung genügt der tägliche Verzehr von 1 oder 2 Zehen für 90 Tage, um die Auswirkungen von Bluthochdruck zu verhindern und zu minimieren. Er kann entweder roh gegessen oder in den Mahlzeiten zubereitet sein.

- *Reishi (Ganoderma lucid)*

  Dies ist eine Pilzart, die mit der Senkung des Blutdrucks verbunden ist. Der Pilz ist fast ungenießbar, aber in Kapselform erhältlich.

- *Weißdorn (Crataegus-app)*

  Weißdorn bewirkt, dass sich die Arterienwände entspannen und erweitern, und es kann viele Wochen oder Monate dauern, bis sie eine Wirkung zeigen.

- ***WEIẞDORN (CRATAEGUS LAEVIGATA)***

  Weißdorn hilft bei der Erweiterung der arteriellen Blutgefäße, der Vorbeugung des Wachstums von Atherosklerose, der Senkung des Cholesterinspiegels, der Verbesserung der Durchblutung und der Regulierung des Herzschlags.

  Sie können dieses Kraut konsumieren, indem Sie seine getrockneten Blätter und Blumen als Tee trinken. Sie können auch Weißdornbeerenzusätze in Ihren Ernährungsplan aufnehmen. Wie auch immer Sie es tun, Sie können damit eine Senkung Ihres Blutdrucks um 2,60 HG erreichen. Wegen dieser tollen Ergebnisse etablierte sich Weißdorn als eine sehr zuverlässige pflanzliche Behandlung gegen Bluthochdruck.

- ***SELLERIE (APIUM GRAVEOLENS)***

Sellerie wird schon seit langer Zeit als Heilmittel verwendet und stellt eine einzigartige pflanzliche Behandlung gegen Bluthochdruck dar. Er hilft bei der Erhöhung des Urinflusses. Die Indianer haben ihn Alltag verwendet, da Sellerie als eines der besten Mittel gegen Bluthochdruck anerkannt wurde.

- *KAKAO (THEOBROMA KAKAO)*

Ein weiteres fantastisches Gewürz, das mit der effizienten Senkung des Bluthochdrucks verbunden ist, ist der Kakao. Er wirkt als Antioxidans wie Tee und Rotwein. Laut Forschern ist eine tägliche Dosis von 3,5 Unzen Kakao so effektiv, wie eine tägliche Dosis Bluthochdruckmedikamente.

- *BALDRIAN (VALERIANA OFFICINALIS)*

Baldrian entspannt die glatten Muskeln an den Arterienwänden, indem er verhindert, dass sie sich verengen.

- *BROKKOLI (BRASSICA OLERACEA VAR. ITALICA) UND DUNKLES BLATTGEMÜSE*

  Brokkoli und dunkles Blattgemüse sind reich an Vitaminen und Mineralien, die für Menschen mit Bluthochdruck unerlässlich sind. Magnesium und Kalzium sind im Überfluss in Brokkoli und anderen dunklen Blattgemüsen enthalten.

- *KURKUMA (LUCUMA LONGA)*

  Kurkuma, das Gewürz, wird oft in Currys verwendet. Es hat entzündungshemmende und antioxidative Eigenschaften, die den Cholesterinspiegel senken und die Körpergefäße stärken sowie den Blutdruck senken.

- *GINGKO BILOBA*

  Gingko Biloba ist ein bekanntes chinesisches Kräuterheilmittel gegen Bluthochdruck, das die

Durchblutung verbessert und die Arterien erweitert. Es verbessert außerdem das Gedächtnis und sorgt für mentale Wachsamkeit.

- *OLIVENBLATTEXTRAKT*

Der aus dem Olivenblatt gewonnene Extrakt wird als Mittel gegen Bluthochdruck zur Bekämpfung von unregelmäßigem Herzschlag oder der sogenannten "Arrhythmie" eingesetzt.

- *GELBSUCHT BEERE*

Mit diesem pflanzlichen Heilmittel wird der Blutfluss erleichtert, um einen reibungslosen Ablauf in den Arterien zu gewährleisten, indem die Blutgefäße durch den Abbau von Spannungen an den Arterien erweitert werden.

- *CAYENNE*

Cayenne ist neben Knoblauch als eines der besten Gewürze gegen Bluthochdruck bekannt. Um die besten Ergebnisse zu erzielen, entscheiden Sie sich für die schärfsten Cayenne-Gewürze. Er sorgt für eine gute Kontrolle des Blutdrucks.

- *ROTKLEE*

Menschen mit hohem Blutdruck neigen dazu, dass ihr Blut verdickt, was dazu führt, dass sich das Herz mehr anstrengen muss, um das Blut durch die Adern zu pumpen. Dadruch wird der Druck gegen die Arterien erhöht und Bluthochdruck verursacht. Rotklee ist am besten geeignet, um Blut zu verdünnen, den Blutdruck zu senken und die Durchblutung zu verbessern. Um effizient genutzt zu werden, muss sich der Rotklee in einem guten Zustand befinden - die Blüten müssen violett bleiben. Brauner Klee ist trocken und hat seine Wirksamkeit verloren.

- *ALFALFA*

    Alfalfa hilft bei der Erweichung verhärteter Arterien und reduziert gleichzeitig den Bluthochdruck. Es spielt eine wichtige Rolle bei der Behandlung von Bluthochdruck.

- *PETERSILIE*

    Petersilie ist am besten geeignet, die Durchblutung und den gesamten Kreislauf des Körpers aufrechtzuerhalten, während sie den Bluthochdruck senkt.

- *STACHELBEERE*

    In Indien als "Amla" bekannt, kann Stachelbeere mit Honig in Saftform verzehrt werden. Nehmen Sie 1-2 Esslöffel täglich auf nüchternen Magen ein, da dies vor allem für Menschen mit hohem Blutdruck vorteilhaft ist.

- *ZWIEBEL UND HONIG*

Eine Mischung aus Zwiebelsaft und Honig kann Wunder wirken bei Menschen mit Bluthochdruck. Das Trinken von zwei Teelöffeln pro Tag dieser Mischung kann die Wirkung von Bluthochdruck umkehren und hilft Ihnen, zu einem stabilen Blutdruck zurückzukehren.

- *BOCKSHORNKLEESAMEN (TRIGONELLA FOENUM-GRAECUM)*

Es ist bekannt, dass Saatgut aus dieser Pflanze verschiedene gesundheitliche Vorteile hat, darunter die folgenden:

- SENKT DEN CHOLESTERINSPIEGEL IM BLUT

Studien haben bewiesen, dass Bockshornklee hilft, den Cholesterinspiegel zu senken, insbesondere den von LDL oder Low-Density-Lipoprotein. Es ist bekannt, dass das Kraut mit steroidalen Saponinen angereichert ist, was mit der Aufnahme von Cholesterin und Triglyceriden zusammenhängt..

- **REDUZIERT DAS RISIKO EINER HERZKRANKHEIT**

  Bockshornkleeblätter enthalten einen hohen Anteil an Kalium, das den negativen Auswirkungen von Natrium im Körper entgegenwirkt, um die Herzfrequenz und den Blutdruck zu kontrollieren.

- **HÄLT SIE IN FORM**

  Wenn Sie Bockshornklee in Ihre Ernährung aufnehmen, indem Sie morgens auf nüchternen Magen getränkte Samen kauen, kann sich die Naturfaser im Bockshornklee füllen und Ihren Magen anschwellen lassen, wodurch Ihr Appetit unterdrückt wird. Dies hilft einer Gewichtsabnahme, da Sie weniger Heißhunger haben.

Alle genannten Bedingungen sind effektiv und werden Ihnen helfen, Ihren Bluthochdruck auf natürliche Weise zu senken.

Kapitel 7: Stressmanagement: Stärkung von Geist und Körper

Ob langfristiger Blutdruck und Stress zusammenhängen, ist noch umstritten. Das Ergreifen von Maßnahmen zur Bewältigung und Reduzierung von Stress wirkt sich jedoch dramatisch auf Ihre allgemeine Gesundheit aus, einschließlich Ihres Blutdrucks.

Der Zusammenhang zwischen Stress und langfristigem Bluthochdruck

Während Experten den direkten Zusammenhang zwischen diesen beiden nicht definieren können, ist es erwiesen, dass Stressereignisse einen vorübergehenden Anstieg des Blutdrucks verursachen können. Was Sie tun können, um langfristigen Bluthochdruck zu vermeiden, ist, vorbeugende Maßnahmen zu ergreifen, die Ihrer körperlichen und geistigen Gesundheit zugute kommen.

Bewegung ist eine medikamentenfreie Methode, um Ihnen zu helfen, Ihren Blutdruck zu senken. Es reduziert Ihre Stressniveaus, da es Endorphine freisetzt, die wesentlich sind, damit Sie sich mit sich selbst und den Dingen um Sie herum wohlfühlen. Zum Beispiel können Sie 3-5 mal pro Woche für etwa eine halbe Stunde trainieren, um Ihren Stresspegel zu reduzieren. Andere körperliche Aktivitäten wie Hausarbeiten, Gartenarbeit, Tanzen, Schwimmen oder Joggen können ebenfalls Ihre Atem- und Herzfrequenz erhöhen und Vorteile bei der Kontrolle Ihres Blutdrucks schaffen.

Denken Sie daran, dass Ihr Körper unter Stresssituationen einen Hormonschub produziert, der dazu führen kann, dass Ihr Herz für eine Weile schneller schlägt und dabei Ihre Blutgefäße verengt. Wie bereits erwähnt, gibt es keinen absoluten Beweis dafür, dass Stress direkt zu langfristigem Blutdruck führt, aber Verhaltensweisen wie Überessen, Rauchen, Drogenmissbrauch und die Beobachtung schlechter Schlafgewohnheiten können alle zu hohem Blutdruck beitragen. Eine Reihe von vorübergehenden starken Blutdruckanstiegen kann Sie gefährden, einen langfristigen hohen Blutdruck zu haben.

Andererseits können stressbedingte Gesundheitszustände wie Isolation, Angst und Depression, die zwar mit einer Herzkrankheit verbunden sein können, nichts mit dem Bluthochdruck zu tun haben. Der Grund dafür kann auf die Hormone zurückzuführen sein, die in den Stressmomenten produziert werden.

Diese Hormone können dann die Arterien schädigen und Sie den Risiken einer Herzkrankheit aussetzen. Darüber hinaus, wenn Sie gestresst oder depressiv sind, neigen Sie auch dazu, sich selbst zu vernachlässigen. Dies macht es wahrscheinlicher, dass Sie nicht die notwendigen Medikamente einnehmen, die Ihren Bluthochdruck und Ihr Herzleiden kontrollieren können.

Aktivitäten, die den Blutdruck senken können

Stressmanagement ist eine Fähigkeit, die Ihnen in vielerlei Hinsicht helfen kann. Es kann Ihnen helfen, einen gesunden Lebensstil zu führen, der Ihrer allgemeinen Gesundheit zugute kommen kann - sowohl geistig, als auch körperlich - einschließlich der Regulierung Ihres Blutdrucks. Die folgenden Schritte können Ihnen helfen, mit Ihrem Stress umzugehen:

GESTALTEN SIE SIE IHREN ZEITPLAN EINFACH

Eine der größten Herausforderungen ist die Vereinfachung unseres Zeitplans. Wir neigen dazu, alles aufzuschieben, sodass wir unter Stress geraten wenn wir unsere Arbeiten, Projekte, Aufträge, etc. einreichen müssen. Bei all dem Chaos ist es durchaus verständlich, dass unser Körper dies als Stress ansieht. Und dies ist auf lange Sicht problematisch für unseren Körper.

Eliminieren oder reduzieren Sie zusätzliche Aktivitäten, die viel Zeit in Anspruch nehmen. Zum Beispiel das morgendliche Chatten mit Freunden oder Facebook. Statt dafür, könnten Sie sich für sinnvollere Aktivitäten entscheiden, bei denen Sie Ihren Körper bewegen oder Ihren Geist trainieren,, wie z.B. eine Meditation auszuprobieren.

ATMEN SIE BEWUSST

Das Atmen ist für uns unerlässlich, schließlich atmen wir, um zu leben. Wenn wir atmen, nimmt jede Zelle in unserem Körper Sauerstoff auf, welcher dann zur Energieproduktion in unserem System beiträgt. Es erlaubt uns auch, die Giftstoffe loszuwerden, die unser Körper beseitigen muss, um gesund zu bleiben.

Leider nehmen die meisten von uns das Atmen als selbstverständlich hin. Volle Pläne und ein schneller Lebensstil tragen dazu bei, dass wir tiefe Atmungen, die für unsere Gesundheit sehr wichtig sind, vermeiden.

Sie können einfache Atemübungen durchführen, indem Sie den ganzen Tag über tief einatmen und ausatmen. Nehmen Sie ein paar tiefe Atemzüge und lassen Sie Ihren Körper entspannen, indem Sie die Stressoren loslassen, die sich in Ihrem Körper ansammeln. Dieser Prozess ermöglicht es

Ihnen, Sauerstoff aufzunehmen und versorgt die Zellen Ihres Körpers mit der dringend benötigten Versorgung, die für Ihr Überleben notwendig ist.

BEWEGEN SIE SICH REGELMÄßIG

In diesem modernen Zeitalter, in dem Computer und verschiedene Geräte unseren Lebensstil dominieren, neigen wir dazu, ständig zu sitzen. Denken Sie daran, dass körperliche Aktivität ein natürlicher Stressabbau ist. Auf Anraten Ihres Arztes können Sie Ihr Training ausgehend von einfachen Aktivitäten wie Gehen oder Joggen planen. Auch die folgenden Aktivitäten könnten Sie ausprobieren:

- Hausarbeiten und Gartenarbeiten
- Treppensteigen
- Spaziergänge (im Park oder an einem anderen Ort der Entspannung)
- Tanzen
- Tennis, Basketball oder Völkerball spielen

MEDITIEREN

Es hat sich gezeigt, dass Meditation der Gesundheit von Geist und Körper zugute kommt. Es hilft uns, uns zu entspannen und die innere Ruhe zu haben, die für ein inneres Gleichgewicht unerlässlich ist.

Bereits 2008 bat der Arzt des Massachusetts General Hospital, Randy Zusman, seine Patienten mit Bluthochdruck, ein dreimonatiges Entspannungsprogramm, welches auf Meditationen basiert ist, durchzuführen. Diese Patienten nahmen regelmäßig Medikamente ein, um ihren Bluthochdruck zu kontrollieren. Nach drei Monaten zeigten 40 von 60 Patienten einen bemerkenswerten Rückgang ihres Blutdrucks.

Dadurch konnten sie ihre Medikamenteneinnahme reduzieren. Die wissenschaftliche Erklärung dafür ist, dass beim Eintritt von Körper und Geist in den Entspannungszustand Stickoxid gebildet werden kann, das zur Öffnung der Blutgefäße führt und die Blutdrucklevel reguliert.

Auch Yoga hilft dabei, den Blutdruck zu kontrollieren. Bei regelmäßigen Dehnungen können Ihre Muskeln flexibel werden, was zu einem kontrollierten Blutdruck ohne den Einsatz von Medikamenten führt. Dehnungsübungen entwickeln eine Reihe von physiologischen Reaktionen, die die Versteifung der Arterien durch das Altern hemmen können.

GUTE SCHLAFGEWOHNHEITEN ENTWICKELN

Wenn Sie zu wenig schlafen, nehmen Sie in der Regel durch die Senkung Ihres *Leptinspiegels* (das Hormon, das Ihrem Gehirn mitteilt, wenn Sie genug gegessen haben) und durch eine Erhöhung der biochemischen Zusammensetzung namens *Ghrelin,* die Ihren Appetit auf Nahrung verstärkt, zu.

Diese körperliche Reaktion wirkt sich dramatisch auf Ihr Essverhalten aus und lässt Sie hohe Mengen an Kalorien aufnehmen, die Ihr Körper nicht benötigt.

Zusätzlich lässt Schlafentzug auch Ihren Körper nach dem Essen höhere Insulinwerte freisetzen, was die Fettspeicherung fördert und Sie einem höheren Risiko für Typ-2-Diabetes aussetzt.

Schlaf spielt eine wichtige Rolle bei der Reparatur und Heilung Ihrer Blutgefäße und Ihres Herzens. Ein Mangel daran fördert Bluthochdruck, Schlaganfall und Herzerkrankungen.

Laut einer Studie der Harvard Medical School merken Patienten mit Bluthochdruck, die Steigerung des Blutdrucks, wenn sie am Abend zuvor erst spät ins Bett gegangen sind. Hier sind einige Tipps, um Schlafmangel zu vermeiden:

- Nehmen Sie nur morgens Koffein zu sich.

- Legen Sie nach dem Abendessen Ihre mobilen Geräte und andere Geräte beiseite.

- Achten Sie auf einen regelmäßigen Aufwachplan.

- Vermeiden Sie Beruhigungsmittel wie Valium, Nyquil, Ambien oder sogar Alkohol.

- Machen Sie jeden Nachmittag ein 15-minütiges Nickerchen, statt Kaffee zu trinken.

SEIEN SIE OPTIMISTISCH

Eine positive Denkweise und Einstellung zu haben, hilft drastisch bei der Förderung Ihrer allgemeinen Gesundheit. Wenn Ihr Geist entspannt ist, schafft Ihr Körper automatisch Gleichgewicht und Harmonie, die zu guter Gesundheit führen - und die Regulierung Ihres Blutdrucks ist einer der Vorteile dieser inneren Ruhe. Viele Studien zeigen auch, dass Optimismus zu einer besseren Lebensqualität und ein längeres Leben zur Folge hat. Zum Beispiel schafft es ein glücklicher und zufriedener Mensch, der gerne in Gesellschaft seiner Lieben lacht, ein langes Leben zu führen, im Vergleich zu denen, die an Depressionen leiden oder eine negative Lebenseinstellung haben.

Nach einigen Studien gibt es einen Zusammenhang zwischen einer positiven Einstellung und niedrigerem Blutdruck. Personen, die eine positive Einstellung haben, neigen dazu, einen kontrollierteren Blutdruck zu haben; während diejenigen, die das Leben in einer negativen Perspektive betrachten, das höchste Risiko haben, an Bluthochdruck zu erkranken. Darüber hinaus leiden positive Menschen prozentual seltener an Herz-Kreislauf-Erkrankungen, als negative Menschen.

Wenn Sie also ein langes Leben mit einer hohen Lebensqualität genießen wollen, ist es an der Zeit, Ihre Denkweise umzustellen. Man kann immer mit kleinen Dingen anfangen. Mit anderen Worten, man kann die kleinen Dinge bewundern, die die Natur uns schenkt, wie das Sonnenlicht, die Wärme, den Himmel oder sogar den Mond in der Nacht.

Seien Sie sich Ihrer inneren Stimme bewusst und auch, wie Sie mit sich selbst reden. Vermeiden Sie es, über Ihre Fehler zu sprechen oder Ihre Sorgen hervorzuheben. Wenn Sie in Versuchung geraten, dies zu tun, nehmen Sie sich einen Moment Zeit und etwas Raum und schauen Sie sich die Situation erneut an. Wenn Sie unschöne Aspekte sehen, können Sie sich von diesen verabschieden, Vergessen Sie nicht, bei jeder Gelegenheit zu lachen. Eine gute Einstellung kann dabei helfen, Ihre geistige Belastung zu verringern und es sogar einfacher für Sie machen, mit schwierigen Problemen umzugehen.

Kapitel 8: Wie Meditation helfen kann, den Bluthochdruck zu senken.

Neben den herkömmlichen Methoden zur Bekämpfung von Bluthochdruck gewinnt die Mindfulness-Based Reduction Technique (MBRS) weltweit Anhänger und Praktiker. Durch die Einbeziehung der Achtsamkeitsmeditation in Ihren Lebensstil gemeinsam mit körperlicher Fitnessaktivität und Gewichtsmanagement wird Ihr Ziel, den Bluthochdruck zu senken, erreicht und damit die Wirkung auf Ihren Körper umgekehrt.

Laut einer Forschungsstudie ist es wichtig, den Geist von Stress und Angst fernzuhalten, um den Blutdruck zu senken und Bluthochdruck abzuwehren.

Forscher der Case Western University School of Medicine führten eine Studie an hundert Patienten mit Bluthochdruck im Alter von 30-60 Jahren durch. Das Programm bestand aus 8 Sitzungen mit je 2 ½ Stunden. Die Teilnehmer wurden gebeten, 45 Minuten lang an sechs Tagen pro Woche mit der Körperscan-Übung zu meditieren. Die Studie ergab ein signifikantes Ergebnis, wobei das Ergebnis eine Abnahme des diastolischen Blutdrucks (DBP) um 1,9 mm Hg und des systolischen Blutdrucks (SBP) um 4,8 mm Hg ergab. Die Ergebnisse wurden im Psychosomatic Medicine Journal veröffentlicht.

In einer kürzlich durchgeführten Studie über Blutdruck, Belastung und Bewältigung wurde festgestellt, dass eine ausgewählte Geist-Körper Intervention eine Verminderung des Blutdrucks hervorruft, sowie ein besseres Umgang mit Problemen und weniger psychische Unruhe in jungen Erwachsenen,

Basierend auf diesen Studien wurde nachgewiesen, dass Meditation nützlich sein kann, um den Blutdruck zu senken und gleichzeitig die negativen Auswirkungen von Stress und Angst im menschlichen Körper zu bekämpfen.

Wenn Sie sich entscheiden, zu einer gesünderen Lebensweise überzugehen, müssen Sie die Meditation in Ihren Alltag integrieren. Meditationsübungen, selbst wenn sie nur 20 Minuten lang sind, zu einer täglichen Routine zu machen, wird einen entscheidenden Unterschied machen in der Körperbewegung, im Denken und wie sich Ihr Körper anfühlt.

Wenn Ihr Verstand und Ihre Emotionen ruhig und kontrollierbar sind, können Sie die Herausforderungen und Ziele in Ihrem Leben besser bewältigen und erreichen - in diesem Fall bedeutet das, dass Sie Ihren Blutdruck auf ein normales Level senken.

Diese negativen Gefühle, einschließlich Sorgen und Ängste, sowie regelmäßiger Stress, da Sie regelmäßig verschiedenen Stressoren ausgesetzt sind, können durch eine tägliche Meditationspraxis erheblich gelindert werden. Wenn Ihr Verstand von verwirrten Gedanken befreit ist und Sie in ungesunden Verhaltensweisen gefangen hält, werden Sie überrascht sein zu sehen, wie Sie das Leben aus einer anderen Perspektive sehen würden. Alle Veränderungen in Ihrem Leben beginnen in Ihrem Kopf.

Ihr Verstand hat die Macht über Ihren Körper - vom Haaransatz bis zu den Zehenspitzen. Ihren Geist kontrollieren und zähmen zu können, damit Sie ihn dahin führen können, wo Sie möchten, ist eine effiziente Möglichkeit, alle Ihre Sinne zu beruhigen, sodass Ihr Herz nicht so schlägt und pumpt wie sonst. Wenn Sie das schaffen, dann werden Sie die Stressoren los, die dazu neigen, Ihren Blutdruck zu erhöhen.

Anstatt die gleiche Routine mit der gleichen Denkweise und den gleichen enttäuschenden Ergebnissen durchzuziehen, erlaubt Ihnen die Meditation, die Phasen für eine signifikante Veränderung in Ihrem Leben festzulegen, und das betrifft vor allem Ihre Gesundheit.

KÜMMERN SIE SICH UM IHRE GESUNDHEIT, RETTEN SIE IHR LEBEN!

Viele menschliche Krankheiten sind stressbedingt und deshalb funktioniert die Meditation gut, um Sie von Stress zu befreien. Es hilft auch bei der Behandlung von Krankheiten. Die Mediation löst nicht nur das Problem der Risiken von

Bluthochdruck, sondern ist auch mit der Linderung der folgenden Krankheiten verbunden:

- Hauterkrankungen
- Leichte Depression
- Prämenstruelles Syndrom und Dysmenorrhoe
- Schlafapnoe und Müdigkeit
- Wiederkehrende Schmerzen einschließlich Kopfschmerzen
- Atemwegserkrankungen wie Asthma und Emphysem
- Symptome der rheumatoiden Arthritis (RA)
- Gastrointestinale Belastung
- Reizdarmsyndrom

Krankheitsbilder, wie die, die wir hier besprochen haben, werden Ihnen zweifellos Vitalität rauben und Sie an einem Leben voller Spaß und Freude hindern. Wenn Sie gestresst sind, während Sie Angst und negativen Gedanken und Emotionen belasten, deutet das darauf hin, dass Sie sich vom

Stress kontrollieren lassen und nicht selbst die Kontrolle haben!

Gibt es etwas zufriedenstellenderes als ein natürliches Heilmittel, dass Sie von diesem Stress befreit? Genau das bietet Ihnen die Meditation- ein Leben voller Glücks - frei von den Fängen dieser tödlichen Krankheit.

Eine Möglichkeit, Ihre Meditationsübung durchzuführen

Finden Sie zunächst einen bequemen Ort, an dem Sie Ihre Übungen durchführen können. Erfahrene Meditierer können es überall tun und haben keinerlei Probleme damit, Ihre Meditationsziele überall zu erreichen; Anfänger hingegen, werden leicht abgelenkt; daher brauchen Sie einen ruhigen und stillen Ort zum Meditieren. Sie können entweder auf einem Stuhl oder auf dem Boden sitzen, solange Sie sich wohl und entspannt fühlen. Wenn Sie etwas brauchen, um Ihre Sinne zu beruhigen, können Sie Musik anschalten.

Schließen Sie zunächst Ihre Augen oder richten Sie einfach Ihre Aufmerksamkeit auf eine Sache, wie zum Beispiel den Boden in der Nähe. Dann fange an, sanft ein- und auszuatmen, versuchen Sie dabei die Luft zu spüren, während sie durch Ihre Nasenlöcher einströmt und jeden Teil Ihres Körpers erreicht, bevor Sie sie langsam aus Ihrem Mund ausatmen. Spüren Sie jeden Moment - entweder, Sie konzentrieren Sich auf Ihre Atmung, oder auf Ihr Fokus-Objekt.

Wenn Sie Ihre Augen schließen, stellen Sie sich etwas vor - ein Bild, ein Objekt, ein Mantra oder etwas, mit dem Sie sich verbinden möchten. Wenn Sie feststellen, dass Ihr Verstand den Fokus verliert, bringen Sie ihn langsam wieder zum Fokus zurück, ohne sich dafür zu verurteilen. Das Ziel ist es, Ihr Denken zu kontrollieren, sich auf etwas zu konzentrieren und sich nicht emotional zu beeinflussen, sondern den Moment einfach still zu betrachten.

Die Konzentration auf die Atmung gibt Ihnen ein neues Bewusstsein für Ihr Leben, und während Sie diese Aktivität durchführen, realisieren Sie vielleicht einen neuen Sinn

Ihrer Existenz. Dies könnte eine einfache und ruhige Übung sein, die einige Minuten dauern kann, aber aus ihr heraus, kann sich etwas Neues - eine Erkenntnis - offenbaren.

Kurz gesagt, Sie können sich nicht vorstellen, welche Vorteile diese Meditationsübung Ihnen bringen kann - körperlich, geistig, emotional und spirituell. Aus diesem Grund greifen immer mehr Menschen auf die transzendentale oder Achtsamkeitsmeditation zurück, um Stress zu behandeln, um die Auswirkungen von Bluthochdruck umzukehren oder das Risiko schwerwiegenderer Gesundheitsprobleme zu minimieren.

Im Idealfall sollten Sie 15-30 Minuten pro Tag für die Meditation einplanen, also beruhigen Sie Ihre Sinne und bereiten Sie sie auf die täglichen Probleme und Herausforderungen im Leben vor. Auf diese Weise fühlt sich Ihr Körper nicht bedroht und stellt sich nicht auf einen Kampf- oder Fluchtmodus ein, der ihn veranlasst, eine hormonelle Veränderung in Ihrem Körper zu erzeugen, Ihr Herz dazu bringt, mehr Druck aufzubauen und die Arterienwand zum Brechen zu zwingen.

Es gibt einige Online-Ressourcen und -Tools wie das Insight CD System, das Sie selbst einrichten können und so eine schnelle Meditationssitzung für 20 Minuten oder länger, je nach Wunsch, durchführen können.

Während Sie die CD hören, können Sie Ihrem Gehirn beibringen, synchron zu arbeiten - das heißt, Ihre linke und rechte Seite des Gehirns zu trainieren, im Einklang zu arbeiten, um eine umfassende Verteilung der elektrischen Aktivität und Energiemuster in Ihrem Geist zu schaffen, anstatt sie auf begrenzte Bereiche zu beschränken. Dieses Tool wurde in Übereinstimmung mit dem Ergebnis einer Studie entwickelt, die zeigt, dass diese vollständige Hirnsynchronisation in Zeiten intensiver Kreativität, Klarheit und Inspiration aktiv ist.

Zusammenfassend lässt sich sagen, ob Sie Meditation ohne die Verwendung der Insight-Audio-CD oder eines ähnlichen Tools durchführen, stellen Sie sicher, dass Sie die Meditationsübung in Ihre täglichen Aktivitäten integrieren. Machen Sie dies zu einer Gewohnheit, nicht nur um Ihren

Bluthochdruck zu regulieren, sondern auch als Teil eines gesunden Lebensstils. Es ist ein einfacher Schritt, aber sein nachhaltiges Ergebnis kann einen tiefgreifenden und nachhaltigen Einfluss auf Ihre allgemeine körperliche Gesundheit und Ihr geistiges Wohlbefinden haben.

Fazit

Eine beträchtliche Anzahl von Hypertoniepatienten ist die lähmenden Auswirkungen von Medikamenten leid und entscheidet sich daher immer häufiger für Naturheilmittel. Viele Leute fragen, ob die natürliche Art der Behandlung von Bluthochdruck funktioniert und bewährte Studien beantworten diese Frage mit einem klaren "JA".

Die natürliche Behandlung ist jedoch ein ganzheitlicher Ansatz, der in Ihrem Lebensstil verankert werden muss, um davon vollständig profitieren zu können. Es wirkt nicht nur auf einen Bereich Ihres Lebens, sondern nimmt eine gründliche Überarbeitung Ihres Wohlbefindens im Allgemeinen vor.

Jetzt, wo Sie sich bewusst geworden sind, inwieweit Sie mit Naturheilmitteln das Ziel, Ihren Bluthochdruck auf ein vernünftiges Niveau zu senken, erreichen, können, können Sie dieses Wissen nutzen, um Ihren Blutdruck zu regulieren und Ihren Bluthochdruck zu kontrollieren, um den Ausbruch anderer Komplikationen oder schwerwiegenderer Krankheiten zu verhindern.

Bluthochdruck kann nur dann ein stiller Mörder sein, wenn Sie es versäumen, Ihrem Lebensstil genügend Aufmerksamkeit zu schenken. Es ist nicht der Bluthochdruck, der tötet, sondern der Mangel an einem gesunden Lebensstil, welcher Ihnen ein besseres, sichereres und längeres Leben ermöglichen kann!

Der nächste Schritt ist, dass Sie **sich für unseren E-Mail-Newsletter anmelden, um** über alle kommenden Buchneuerscheinungen oder Werbeaktionen informiert zu werden. Sie können sich kostenlos anmelden und erhalten als Bonus auch unser *Buch "7 Fitness Mistakes You Don't Know You're Making"!* Dieses Bonusbuch deckt einige der häufigsten Fitnessfehler auf und klärt Mythen über die Komplexität und Wissenschaften des Fitnesstrainings auf. Mit all dem Fitnesswissen und der Wissenschaft, organisiert in einem Schritt-für-Schritt Buch, haben Si einen guten Grundstein für Ihre Fitnessreise gelegt! Um sich für unseren kostenlosen E-Mail-Newsletter anzumelden und Ihr kostenloses Buch zu erhalten, besuchen Sie bitte den Link und melden Sie sich an: **www.hmwpublishing.com/gift**

Zum Schluss würde ich Sie gerne um einen Gefallen bitten, wenn Ihnen dieses Buch gefallen hat. Wir würden uns sehr freuen, wenn Sie eine Bewertung für dieses Buch abgeben!

Vielen Dank und viel Glück auf Ihrer Reise!

Über den Co-Autor

Mein Name ist George Kaplo; ich bin zertifizierter Personal Trainer aus Montreal, Kanada. Ich möchte zunächst einmal sagen, dass ich nicht der Größte Mann bin und das war nie wirklich mein Ziel. Tatsächlich habe ich angefangen zu trainieren, um meine größte Unsicherheit zu überwinden, mein Selbstbewusstsein. Daran war meine Körpergröße von nur 168 cm schuld. Die Körpergröße hielt mich von allem zurück, was ich im Leben erreichen wollte. Vielleicht machen Sie gerade einiges durch oder vielleicht wollen Sie einfach nur fit werden und ich kann mich mit beidem gut identifizieren.

Ich persönlich habe mich schon immer irgendwie für die Gesundheits- und Fitnesswelt interessiert und wollte durch die zahlreichen Mobbingfälle in meinen Teenagerjahren wegen meiner Größe und meines übergewichtigen Körpers etwas Muskeln gewinnen. Ich dachte, ich könnte nichts gegen meine Größe tun, aber ich kann sicher etwas dagegen tun, wie mein Körper aussieht. Dies war der Beginn meiner Transformationsreise. Ich hatte keine Ahnung, wo ich anfangen sollte, aber ich habe einfach angefangen. Ich war manchmal besorgt und eingeschüchtert, dass andere Leute sich über mich lustig machen würden oder dass ich die Übungen falsch machen würde. Ich habe mir immer gewünscht, dass ich einen Freund neben mir hatte, der etwas Ahnung hatte, damit er mir helfen konnte und mir "die Weichen legen" konnte.

Nach viel Arbeit, lesen und unzähligen Versuchen und Fehlern: Nach und nach bemerkten immer mehr Leute, dass ich fitter wurde und dass ich anfing, ein starkes Interesse an dem Thema zu entwickeln. Dies hat viele Freunde und neue Gesichter veranlasst, zu mir zu kommen und mich um Fitnessberatung zu bitten. Zunächst war es seltsam für mich, dass die Leute Ratschläge von mir wollten, wie Sie eine bessere Figur bekommen können. Aber was mich am Laufen hielt, war, dass Sie die Veränderungen an ihren eigenen Körper sahen und mir das entsprechende Feedback gegeben haben. Von da an kamen immer mehr Menschen zu mir, und nach so viel Lesen und Lernen in diesem Bereich wurde mir klar, dass es nicht nur mir geholfen hat, sondern dass ich damit auch anderen helfen kann. Inzwischen bin ich ein zertifizierter Personal Trainer und habe bisher zahlreiche Kunden geschult, die erstaunliche Ergebnisse erzielt haben.

Heute besitzen und betreiben mein Bruder Alex Kaplo (ebenfalls zertifizierter Personal Trainer) und ich dieses Verlagsunternehmen, in dem wir leidenschaftliche und fachkundige Autoren dazu bringen, über Gesundheits- und Fitnessthemen zu schreiben. Wir betreiben außerdem eine Online-Fitness-Website "HelpMeWorkout.com" und ich würde mich gerne mit Ihnen in Verbindung setzen, indem ich Sie einlade, die folgende Webseite zu besuchen und unseren E-Mail-Newsletter zu abonnieren (Sie erhalten sogar ein kostenloses Buch).

Last but not least, wenn Sie in einer ähnlichen Situation sind, wie ich es einmal war und Sie eine Anleitung brauchen, zögere nicht und fragen Sie einfach... Ich werde da sein, um Ihnen zu helfen!

Ihr Freund und Coach,
George Kaplo
Zertifizierter Personal Trainer

Ein weiteres Buch kostenlos

herunterladen

Ich möchte Ihnen für den Kauf dieses Buches danken und Ihnen ein weiteres Buch anbieten (genauso lang und wertvoll wie dieses Buch), "Health & Fitness Errors You Don't Know You't Making", völlig kostenlos.

Besuchen Sie den untenstehenden Link, um sich anzumelden und so das Buch zu erhalten:

www.hmwpublishing.com/gift

In diesem Buch werde ich die häufigsten Gesundheits- und Fitnessfehler aufschlüsseln, die Sie wahrscheinlich gerade selbst begehen, und ich werde Ihnen zeigen, wie Sie ganz einfach in Topform kommen können!

Zusätzlich zu diesem wertvollen Geschenk haben Sie auch die Möglichkeit, unsere neuen Bücher kostenlos, Werbegeschenke und andere wertvolle E-Mails von mir zu erhalten. Besuchen Sie auch dafür den Link, um sich anzumelden:

www.hmwpublishing.com/gift

# Copyright 2017 by HMW Publishing - Alle Rechte vorbehalten.

Dieses Dokument des HMW Verlages im Besitz der Firma A&G Direct Inc. zielt darauf ab, genaue und zuverlässige Informationen zu dem behandelten Thema und Problem zu liefern. Die Veröffentlichung wird mit der Vorstellung verkauft, dass der Verlag nicht verpflichtet ist, buchhalterisch qualifizierte Dienstleistungen zu erbringen, die offiziell erlaubt oder anderweitig erlaubt sind. Wenn eine Beratung erforderlich ist, sei es rechtlich oder beruflich, sollte eine im Beruf tätige Person hinzugezogen werden.

Aus einer Grundsatzerklärung, die von einem Komitee der American Bar Association und einem Komitee der Verleger und Verbände gleichermaßen akzeptiert und genehmigt wurde.

Es ist in keiner Weise erlaubt, dieses Dokument zu reproduzieren, zu vervielfältigen oder Teile davon in elektronischer Form oder in gedruckter Form zu übertragen. Die Aufzeichnung dieser Publikation ist strengstens untersagt, und die Speicherung dieses Dokuments ist ohne schriftliche Genehmigung des Herausgebers nicht gestattet. Alle Rechte vorbehalten.

Die hierin enthaltenen Informationen gelten als wahrheitsgemäß und konsistent, da jede Haftung in Bezug auf Unachtsamkeit oder anderweitig durch die Verwendung oder den Missbrauch von Richtlinien, Prozessen oder Anweisungen, die darin enthalten sind, in der alleinigen und vollständigen Verantwortung des Empfängerlesers liegt. Unter keinen Umständen wird dem Verlag gegenüber eine rechtliche Verantwortung oder Schuld für Reparaturen, Schäden oder finanzielle Verluste aufgrund der hierin enthaltenen Informationen, weder direkt noch indirekt, übernommen.

Die hierin enthaltenen Informationen werden ausschließlich zu Informationszwecken angeboten und sind daher universell einsetzbar. Die Darstellung der Informationen erfolgt ohne Vertrag oder jegliche

Garantiezusage.

Die verwendeten Marken sind ohne Zustimmung, und die Veröffentlichung der Marke erfolgt ohne Genehmigung oder Unterstützung durch den Markeninhaber. Alle Warenzeichen und Marken in diesem Buch dienen nur zu Klärungszwecken und sind Eigentum der Eigentümer selbst, nicht mit diesem Dokument verbunden.

Für weitere tolle Bücher besuchen Sie uns:

HMWPublishing.com

www.ingramcontent.com/pod-product-compliance
Lightning Source LLC
LaVergne TN
LVHW011731060526
838200LV00051B/3123